Impressum
Verlag: BABADADA GmbH, Nedderfeld 112 , 22529 Hamburg
Geschäftsführer / Verlagsleitung: Harald Hof
Druck: Books on Demand GmbH, In de Tarpen 42, 22848 Norderstedt

Imprint
Publisher: BABADADA GmbH, Nedderfeld 112 , 22529 Hamburg, Germany
Managing Director / Publishing direction: Harald Hof
Print: Books on Demand GmbH, In de Tarpen 42, 22848 Norderstedt, Germany

مدرسه

baba

کلاس درس
ba
تقسیم کردن
dadadada
186/2
حیاط مدرسه
bababa
تخته
babadada
معلم
dada
کاغذ
dadadada
نوشتن
dadaba
خودکار
dadaba
میز تحریر
ba
خط کش
baba
کتاب
dadaba
دانش آموز
bababa

کیف مدرسه

dadaba

جامدادی

dada

مداد

bababa

تراش

dadaba

پاک کن

baba

دفتر رسم

ba

2

مدرسه - baba

طراحی

bababa

قلم مو

ba

جعبه ی آبرنگ

dada

قیچی

babadada

چسب

dadaba

کتاب تمرین

dadadada

تکلیف خانه

babadada

12

رقم

bababa

2+2

جمع کردن

dadaba

5-2

تفریق کردن

bababa

2×2

ضرب کردن

badada

محاسبه کردن

dadababa

A

حرف الفبا

babababa

ABCDEFG
HIJKLMN
OPQRSTU
VWXYZ

الفبا

babababa

کلمه

dada

متن

babadada

خواندن

dadadada

گچ

dada

درس

babababa

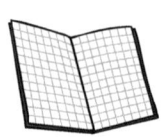

ثبت نام

ba

امتحان

baba

مدرک رسمی

babababa

لباس مدرسه

babadada

تحصیلات

babababa

دانشنامه

dadababa

دانشگاه

babababa

میکروسکوپ

dadababa

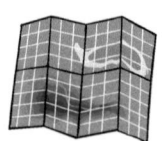

نقشه

bababa

سبد کاغذ باطله

babadada

هتل
babadada
مسافرخانه
dadaba
صرافی
dadadada
چمدان
dada
اتومبیل
ado

زبان

dadadada

بله / خیر

da / meh

اُکی

Oh

سلام

ba

مترجم

dada

ممنون

dada

قیمت ... چه قدر است؟

....

babababa

من متوجه نمی شوم

....

ah

مشکل

....

dadaba

عصر بخیر! / شب بخیر!

....

ba dada

صبح بخیر!

....

babadada

شب بخیر!

....

heia!

خدانگهدار

....

dadaba

جهت

....

badada

بار سفر

....

dada

کیف

....

babababa

کوله پشتی

....

babababa

مهمان

....

baba

اتاق

....

dadadada

کیسه خواب

....

dadadada

خیمه

....

dada

مرکز راهنمای گردشگران

dadadada

ساحل

badada

کارت اعتباری

babadada

صبحانه

dadababa

نهار

baba

شام

bababa

بلیط

dada

آسانسور

dada

مهر

babadada

مرز

badada

گمرک

dadaba

سفارتخانه

babadada

ویزا

dadaba

گذرنامه

dada da da da

حمل و نقل

dadadada

هواپیما
baba
کشتی
dada
ماشین آتش نشانی
baba
اتوبوس
babababa
کامیون
bababa
قایق موتوری
dada
دوچرخه
dadadada
اتومبیل
ado

کشتی مسافربری
babadada

قایق
baba

موتورسیکلت
bababa

ماشین پلیس
ado

ماشین مسابقه
ado

ماشین کرایه ای
auto

به اشتراک گذاری اتوموبیل
....
dada

جرثقیل
....
ado

ماشین حمل زباله
....
ado

موتور
....
brumbrum!

بنزین
....
bababa

پمپ بنزین
....
dada

تابلو راهنمایی و رانندگی
....
dadaba

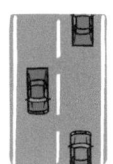

عبور و مرور
....
badada

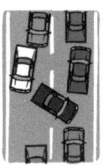

ترافیک
....
ado ado

پارکینگ
....
babadada

ایستگاه قطار
....
babababa

ریل راه آهن
....
dada

قطار
....
dadaba

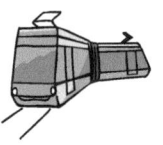

قطار برقی
....
baba

واگن
....
dadaba

هلیکوپتر

baba

فرودگاه

baba

برج

dadaba

مسافر

baba

کانتینر

badada

کارتن

dada

گاری

baba

سبد

dadadada

به پرواز درآمدن / فرود آمدن

da / bada

شهر

dadaba

دهکده

bababa

مرکز شهر

dadababa

خانه

dadaba

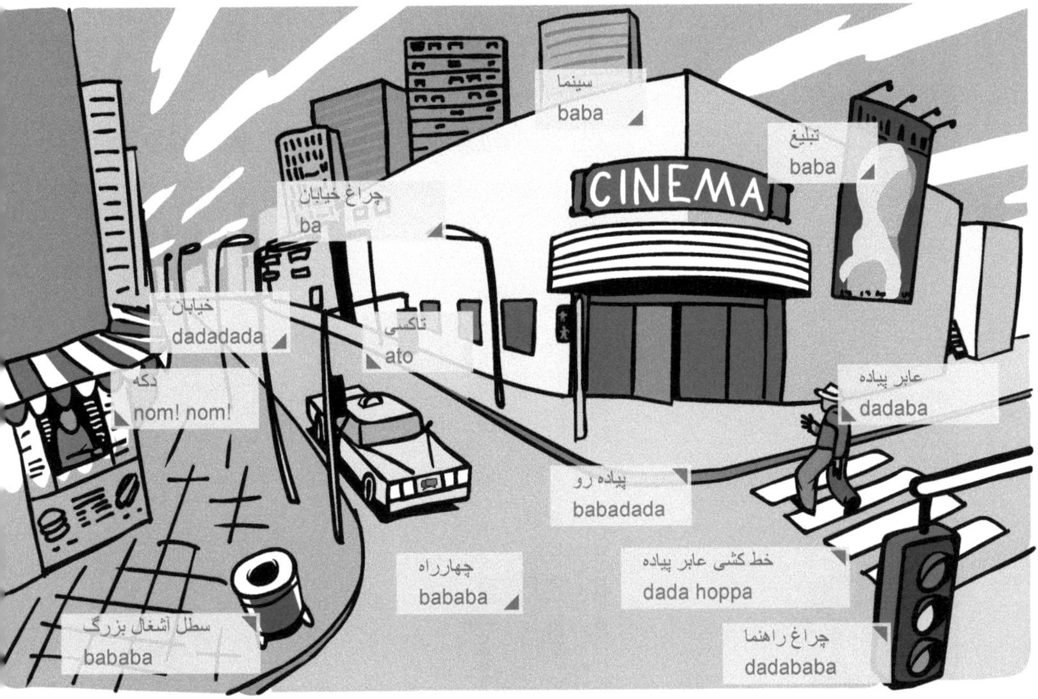
سینما
baba
CINEMA
تبلیغ
baba
چراغ خیابان
ba
خیابان
dadadada
تاکسی
ato
دکه
nom! nom!
عابر پیاده
dadaba
پیاده رو
babadada
چهارراه
bababa
خط کشی عابر پیاده
dada hoppa
سطل آشغال بزرگ
bababa
چراغ راهنما
dadababa

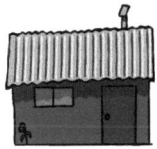

کلبه

babadada

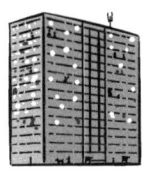

آپارتمان

dadadada

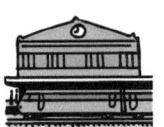

ایستگاه قطار

babababa

ساختمان شهرداری

dadaba

MUSEUM

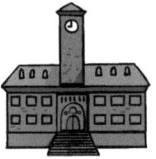

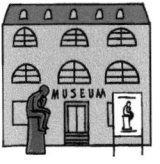

موزه

bababa

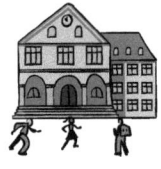

مدرسه

baba

دانشگاه
babababa

بانک
dadadada

بیمارستان
aua!

هتل
babadada

داروخانه
aua!

اداره
baba

کتابفروشی
bababa

مغازه
ba

گل فروشی
dadaba

سوپرمارکت
dada nom nom

بازار
dadadada

فروشگاه بزرگ
dadadada

ماهی فروش
nom! nom!

مرکز خرید
baba

بندر
ba

پارک

dadadada

نیمکت

baba

پل

babababa

پله

dadadada

مترو

bababa

تونل

baba

ایستگاه اتوبوس

ba

میخانه

babababa

رستوران

nom nom!

صندوق پست

dadaba

تابلوی خیابان

dada

دستگاه پارکومتر

baba

باغ وحش

bababa

استخر شنای عمومی

dada

مسجد

baba

مزرعه
dadaba

آلودگی محیط زیست
dadababa

قبرستان
bababa

کلیسا
ba

زمین بازی
dadababa

معبد
bababa

چشم انداز

dada

برگ
baba

تابلوی راهنمای مسیر
baba

راه
dada

چمنزار
bababa

سنگ
baba

درخت
dadababa

راه نورد
dada

رودخانه
bababa

چمن
dada

گل
mama!

دره

badada

تپه

bababa

دریاچه

dadadada

جنگل

dadadada

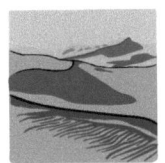

بیابان

dadababa

کوه آتشفشان

dadaba

قلعه

babababa

رنگین کمان

dadaba

قارچ

bababa

درخت نخل

dadababa

پشه

aua!

مگس

badada

مورچه

dadababa

زنبور

summ summ

عنکبوت

dada

سوسک

dadaba

قورباغه

quak

سنجاب

dadababa

جوجه تیغی

dadaba

خرگوش صحرایی

baba

جغد

gackgack

پرنده

gackgack

قو

gackgack

گراز

babadada

گوزن نر

dadadada

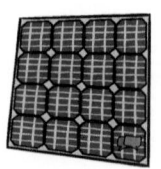

گوزن شمالی

dadadada

سد آب

dadadada

توربین بادی

ba

صفحه ی خورشیدی

dadadada

آب و هوا

bababa

رستوران

nom nom!

پیشخدمت رستوران
dadadada
منوی غذا
baba
صندلی
dadaba
سوپ
nom! nom!
پیتزا
nom nom!
سرویس کارد و قاشق و چنگال
ba
رومیزی
babababa

پیش‌غذا

nom! nom!

غذای اصلی

nom! nom!

دسر

nom nom!

نوشیدنی ها

dadababa

غذا

nom nom!

بطری

nom nom!

رستوران - nom nom! 17

فست فود

nom! nom!

اغذیه خیابانی

nom! nom!

قوری

babababa

قندان

nom! nom!

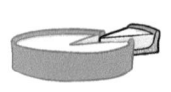

پُرس غذا

nom nom!

دستگاه اسپرسو

dadaba

صندلی پایه بلند غذاخوری بچه

bababa

صورتحساب

ba

سینی

bababa

چاقو

ba

چنگال

babadada

قاشق

dadaba

قاشق چایخوری

bababa

دستمال سفره

dadaba

لیوان

ba

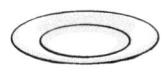

بشقاب

nom nom!

بشقاب سوپخوری

bababa

نعلبکی

bababa

سس

nom! nom!

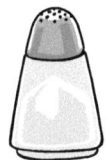

نمکدان

dadadada

فلفل ساب

dadaba

سرکه

bähbäh

روغن خوراکی

dadababa

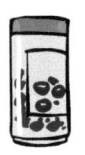

ادویه جات

dadababa

سس کچاپ

nom! nom!

سس خردل

nom! nom!

سس مایونز

nom nom!

سوپرمارکت

dada nom nom

پیشنهاد ویژه
dadababa
FOR
مشتری
dadaba
لبنیات
dadaba
میوه جات
چرخ دستی خرید
baba

قصابی

dadaba

نانوایی

nom! nom!

وزن کردن

bababa

سبزیجات

bähbäh

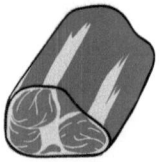

گوشت

nom nom!

غذای منجمد

nomnom

مخلوطی از انواع کالباس یا پنیر که
ورقه ای بریده شده باشند
....
nom nom!

غذای کنسروی
....
nomnom

پودر لباسشویی
....
bababa

شیرینی جات
....
baba

لوازم خانگی
....
dadaba

ماده شوینده و پاک کننده
....
dadababa

فروشنده
....
bababa

صندوق پرداخت
....
bababa

صندوقدار
....
dadaba

لیست خرید
....
dada

ساعات کار
....
dadababa

کیف پول
....
baba

کارت اعتباری
....
babadada

کیف
....
dadababa

کیسه ی پلاستیکی
....
dadababa

نوشیدنی ها
dadababa

آب

wasa

آبمیوه

dadadada

شیر

badada

نوشابه کوکاکولا

ba

شراب

bababa

آبجو

dadadada

الکل

dadaba

کاکائو

bababa

چای

dadababa

قهوه

dada

قهوه اسپرسو

dadaba

کاپوچینو

dadababa

غذا

nom nom!

موز

nane

سیب

nom nom!

پرتقال

bababa

انواع هندوانه و خربزه

nom nom!

لیمو

nom nom!

هویج

bähbäh

سیر

bada meh

نی بامبو

dadaba

پیاز

dadaba

قارچ

nom nom!

آجیل

nom nom!

ماکارونی

nom nom!

اسپاگتی
....
nom nom!

برنج
....
nom nom!

سالاد
....
nom nom!

سیب زمینی سرخ کرده
....
nom nom!

سیب زمینی سرخ شده
....
nom nom!

پیتزا
....
nom nom!

همبرگر
....
nom nom!

ساندویچ
....
nom nom!

شنیتسل
....
nom nom!

ژامبون خوک
....
nom nom!

سالامی
....
nom nom!

سوسیس
....
nom nom!

مرغ
....
gack gack

نوعی گوشت سرخ شده
....
nom nom!

ماهی
....
nom nom!

جوی پرک شده

....

nom nom!

نوعی صبحانه مخلوطی از برگه ذرت و
میوه های خشک شده و خشکبار که
معمولا با شیر خورده می شود
bahbah

کورن‌فلکس

....

nom nom!

آرد

....

nom nom!

کرواسان

....

nom nom!

نان بروتشن

....

babadada

نان

....

nom! nom!

نان تست

....

nom nom!

بیسکویت

....

nom nom!

گره

....

nom nom!

کشک

....

nom nom!

کیک

....

nom nom

تخم مرغ

....

dadaba

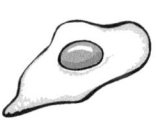

تخم مرغ نیمرو

....

nom nom!

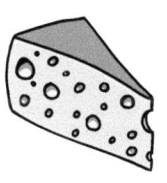

پنیر

....

bada muh

بستنی

nom nom!

شکر

nom nom!

عسل

baba summ

مربا

nom nom!

کرم شکلاتی بادامی

nom nom!

ادویه کاری

babadada

غذا - nom nom!

مزرعه

dadaba

خانه ی مزرعه داران
ba
انبار غله
dadaba
خرمن گاه
dada
مزرعه
bababa
اسب
hoppa
ماشین یدک کش
dada
تراکتور
bababa
کره اسب
dadaba
خر
iaa
گوسفند
mää
بره
bebi mää

بز

baba

گاو ماده

muh

گوساله

mimuh

خوک

mama oink

بچه خوک

oink

گاو نر

dadadada

مزرعه - dadaba 27

غاز
....
gackgack

اردک
....
gackquack

جوجه
....
gacki

مرغ
....
gackgack

خروس
....
gacko

موش صحرایی
....
dada

گربه
....
mau

موش
....
bababa

گاو نر اخته
....
muh

سگ
....
wauwau

لانه ی سگ
....
wauwau

شلنگ باغبانی
....
baba

آبپاش
....
dadababa

داس دسته بلند
....
baba

گاوآهن
....
dadababa

داس

baba

کج بیل

dadadada

چنگک باغبانی

dada

تبر

bababa

فرقون

babababa

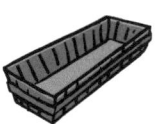

آبشخور

baba

بطری نگهداری شیر

dada muh

کیسه

dadababa

حصار

badada

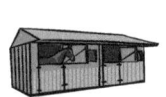

اصطبل

dadadada

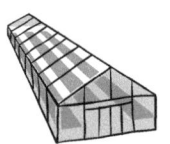

گلخانه

ba

خاک

babadada

بذر

baba

کود

baba

ماشین کمباین

dadababa

برداشت کردن محصول

....

bababa

محصول

....

dadadada

تمیس

....

dadaba

گندم

....

dadababa

سویا

....

dadababa

سیب زمینی

....

bababa

ذرت

....

badada

کلزا

....

bababa

درخت میوه

....

bababa

گیاه مانیوک

....

dadadada

غلات

....

dadababa

خانه

dadaba

دودکش
ba
پشت بام
babadada
ناودان
dadaba
پنجره
baba
گاراژ
dada
زنگ در
dingdong
در
bababa
سطل آشغال
babadada
صندوق مراسلات
ba
باغ
badada

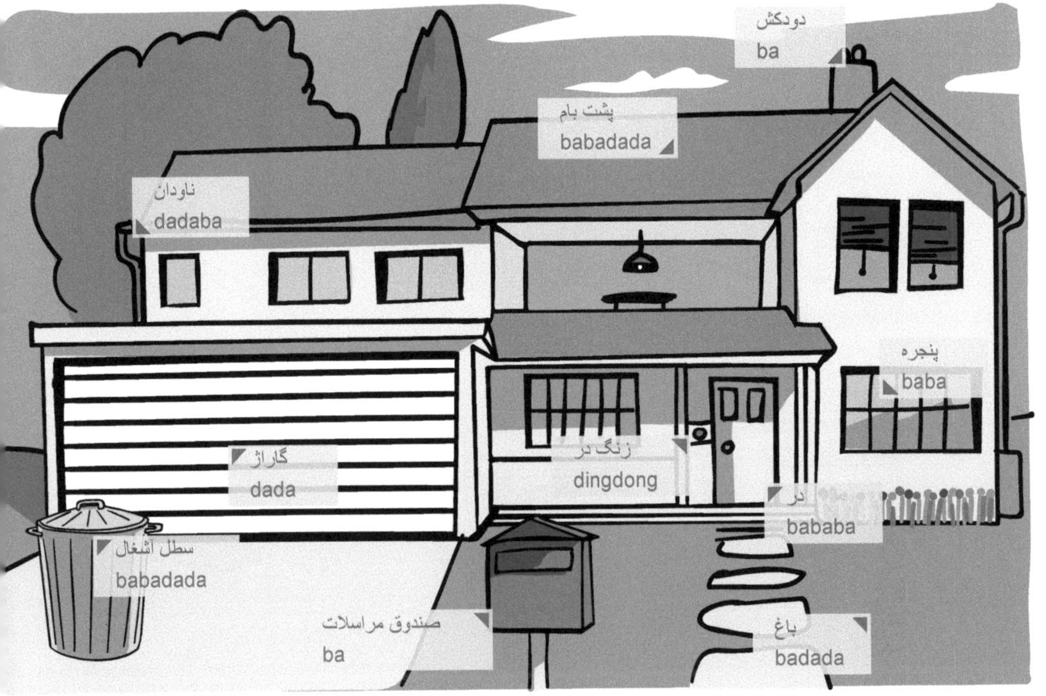

اتاق نشیمن

dadadada

حمام

bababa

آشپزخانه

bababa

اتاق خواب

dadababa

اتاق بچه

meina

ناهارخوری

dadaba

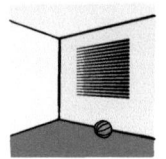

کف زمین

badada

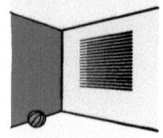

دیوار

dadababa

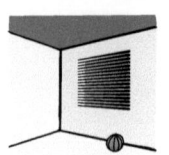

سقف

bababa

زیرزمین

dada

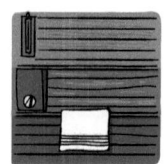

سونا

dadababa

بالکن

babababa

تراس

dadadada

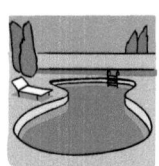

استخر

bababa

ماشین چمن‌زنی

baba

ملافه

dadaba

روتختی

babadada

تخت خواب

heia!

جارو

dada

سطل

dadaba

سویچ یا کلید

dadababa

اتاق نشیمن
dadadada

کاغذ دیواری
dadadada
عکس
badada
لامپ
badada
قفسه
dadadada
کابینت
ba
تلویزیون
dada gucki
شومینه
dadababa
گل
mama!
کوسن
baba
کاناپه
dada
گلدان
dadaba
کنترل تلویزیون و ویدئو و غیره
baba

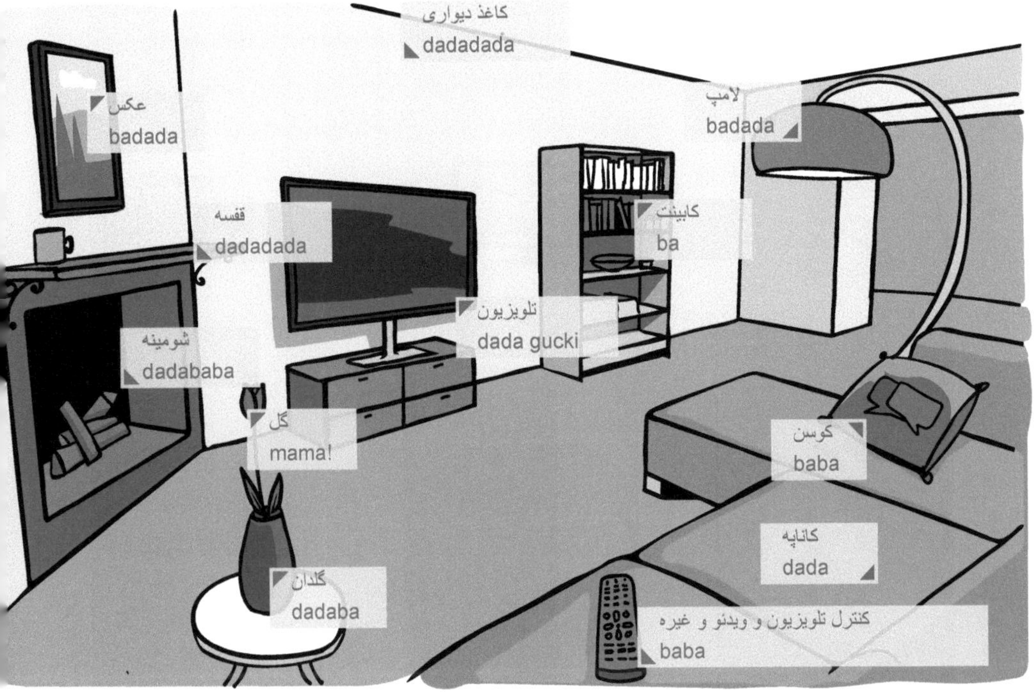

فرش
....
dada

پرده
....
bababa

میز
....
ba

صندلی
....
dadaba

صندلی گهواره ایی
....
dadadada

صندلی راحتی
....
bababa

کتاب
dadaba

لحاف
dadadada

دکوراسیون
dadaba

هیزم
ba

فیلم
dadadada

دستگاه ضبط صوت
lala

کلید
babadada

روزنامه
dadadada

تابلو نقاشی
dadadada

پوستر
bababa

رادیو
lala

دفترچه یادداشت
dadababa

جاروبرقی
babadada

کاکتوس
aua!

شمع
babadada

آشپزخانه

bababa

یخچال
bababa
ماکروویو
ba
ba
تُستر
badada
ماده شوینده و پاک کننده
dadadada
فر خوراک پزی
baba
جایخی
baba
سطل آشغال
babadada
ماشین ظرفشویی
bababa

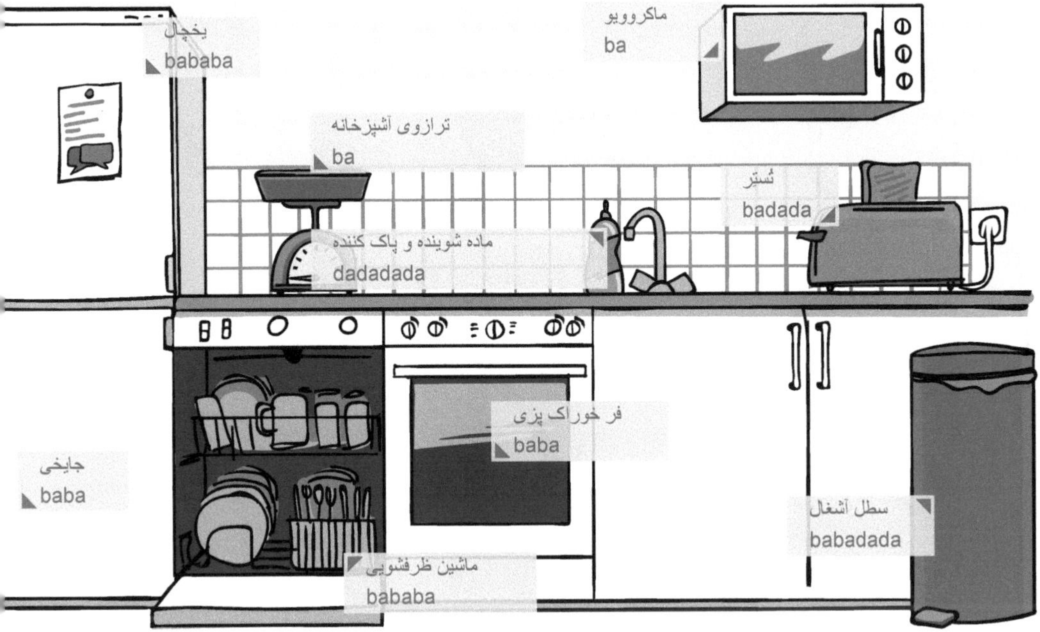

اجاق گاز

dada

قابلمه

dada

قابلمه چدنی

dada

ماهی تابه گود

baba / dada

ماهی تابه

badada

کتری

ba

بخارپز

dadababa

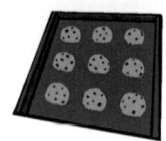

سینی فر

bababa

ظرف چینی آشپزخانه

dadaba

لیوان

dadadada

کاسه

dadaba

چاپستیک

baba

ملاقه

dadaba

کفگیر

dadadada

همزن

badada

آبکش

dada

آبکش

bababa

رنده

baba

هاون

dadababa

باربیکیو

dada

محل مخصوص افروختن آتش

aua!

تخته گوشت و سبزی

dadababa

وردنه

babababa

در بطری بازکن

dadababa

قوطی

dadadada

در قوطی بازکن

bababa

دستگیره پارچه ای

dadababa

سینک ظرفشویی

dadadada

برس گردگیری

dadababa

اسفنج

ba

مخلوط کن

aua!

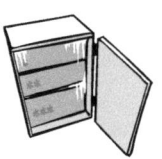

فریزر

babadada

شیشه شیر بچه

bababa

شیر آب

dadadada

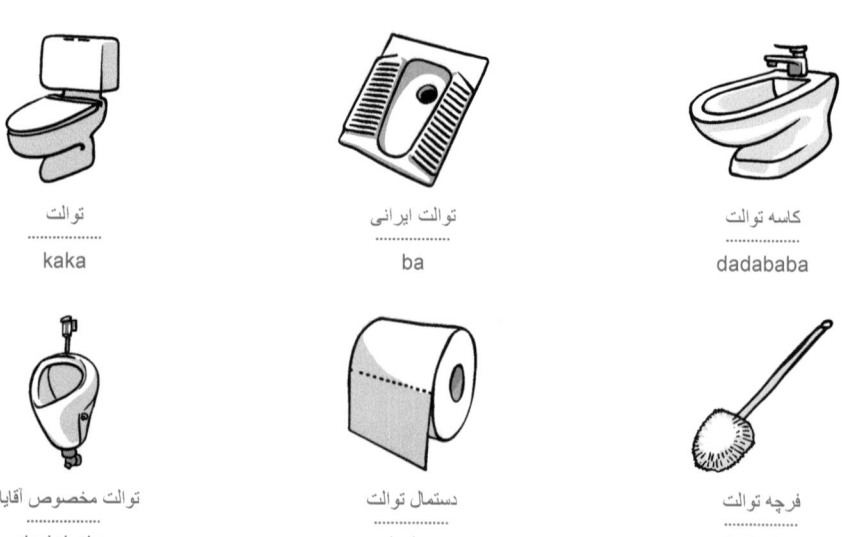

حمام
bababa

بخاری
babadada
دوش
bababa
حوله
ba
پرده ی حمام
babababa
حمام کف
wasa
وان حمام
baba
لیوان
ba
ماشین لباسشویی
baba
شیر آب
dadadada
کاشی
badada
لگن دستشویی کودکان
kaka
سینک ظرفشویی
dadadada

توالت
....
kaka

توالت ایرانی
....
ba

کاسه توالت
....
dadababa

توالت مخصوص آقایان
....
dadababa

دستمال توالت
....
kaka

فرچه توالت
....
bababa

حمام - bababa

مسواک
....
bababa

خمیردندان
....
nom! nom!

نخ دندان
....
dadadada

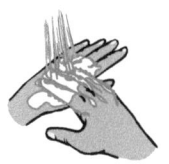

شستن
....
bababa

دوش آب تلفنی
....
babababa

شلنگ توالت
....
dadadada

لگن روشویی
....
badada

برس شست و شوی پشت
....
dadadada

صابون
....
nom! nom!

شامپو بدن
....
nom! nom!

شامپو
....
nom! nom!

لیف حمام
....
babadada

راه آب
....
dadaba

کرم
....
nom! nom!

اسپری دئودورانت
....
babababa

آیینه

dadadada

آیینه ی کوچک دستی

dadadada

تیغ ریش تراشی

ba

کف ریش‌تراشی

nom! nom!

آفترشیو

nam! nam!

شانه ی سر

dadababa

برس

baba

سشوار

dadadada

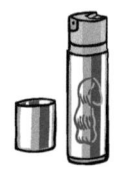

اسپری مو

badada

آرایش

dadaba

رژلب

mama!

لاک ناخن

ba

پنبه

bababa

قیچی ناخن

dadadada

عطر

bababa

کیف لوازم آرایشی و بهداشتی

dadadada

چهارپایه

bababa

ترازو

dadadada

حوله ی پالتویی

ba

دستکش ظرفشویی

babababa

تامپون

ba

نوار بهداشتی

bababa

توالت سیار

baba

اتاق بچه

meina

ساعت زنگدار
bababa
نوعی عروسک نرم به شکل حیوانات
bababa
ماشین اسباب بازی
auto
جغجغه
dadadada
خانه ی عروسکی
bababa
کادو
babababa

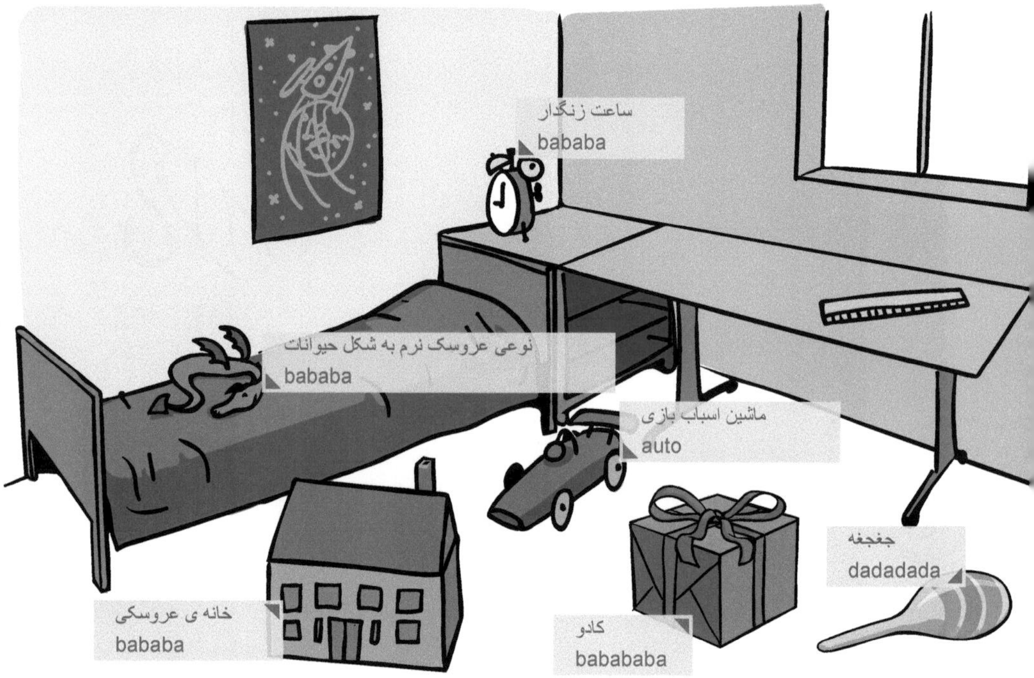

بادکنک

dadadada

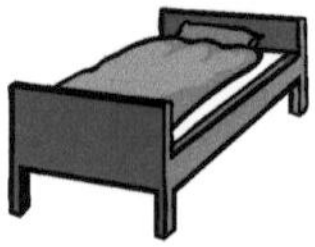

تخت خواب

heia!

کالسکه بچه

dadaba

بازی ورق

dadababa

پازل

bababa

داستان مصور

dadababa

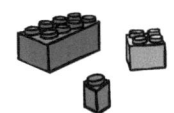

اسباب بازی لگو

badada

خانه سازی

badada

عروسک شخصیت های فیلم و کارتون

dada

لباس نوزاد

dadadada

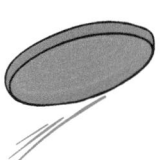

فریزبی

dadaba

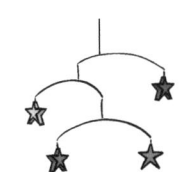

نوعی اسباب بازی که روی تخت نوزاد
یا کودک نصب می شود

dadaba

بازی روی صفحه

ba

تاس

baba

قطار اسباب بازی

dadababa

پستانک

lula

مهمانی

baba

کتاب مصور

dadaba

توپ

dada

عروسک

dada

بازی کردن

badada

جعبه شنی مخصوص بازی کودکان

dadaba

تاب

babababa

اسباب بازی

dadababa

کنسول بازی های کامپیوتری

dadaba

سه چرخه

babadada

خرس عروسکی

dadababa

کمد لباس

dadaba

لباس

baba

جوراب

dadadada

جوراب زنانه ساق بلند

ba

جوراب شلواری

dada

شال
bababa

چتر
bababa

تی شرت
badada

کمربند
dadababa

پوتین
baba

کفش ورزشی کتانی
ba

دمپایی
baba

صندل

bababa

کفش

badada

چکمه پلاستیکی

dada

شرت

ba

سوتین

baba

جلیقه

dadadada

بادی

badada

شلوار

ba

جین

bababa

دامن

dada

بلوز

bababa

پیراهن

dadadada

پولیور

baba

سویی شرت

baba

نوعی کت

babadada

ژاکت

baba

کت بلند

bababa

بارانی

dadababa

لباس نمایش

bababa

لباس

ba

لباس عروس

dadaba

کت و شلوار

dadadada

لباس خواب زنانه

babababa

پیژامه

heia

ساری

baba

روسری

dadadada

عمامه

dada

برقع

dada

قبا

baba

عبا

dadadada

لباس شنا

wasa

شرت شنا

bababa

شلوارک

dadababa

لباس ورزشی

bababab a

پیشبند

baba

دستکش

bababab a

دکمه
....
dadaba

عینک
....
babadada

دستبند
....
dada

گردنبند
....
dadababa

انگشتر
....
bababa

گوشواره
....
dadababa

کلاه لبه دار
....
dada

چوب لباسی
....
babadada

کلاه
....
dadababa

کراوات
....
bababa

زیپ
....
badada

کلاه ایمنی
....
dadaba

بند شلوار
....
dada

لباس مدرسه
....
babadada

لباس فرم
....
babababa

پیش بند بچه

namnam

پستانک

lula

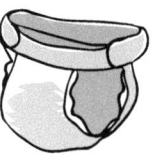

پوشک بچه

kaka!

اداره

baba

سرور
dadaba
کمد نگهداری پرونده
dadababa
چاپگر
badada
کاغذ
dadadada
مانیتور
dadadada
ماوس
baba
میز تحریر
ba
زونکن
dadaba
صفحه کلید
dada
سبد کاغذ باطله
babadada
کامپیوتر
dada
صندلی
bababa

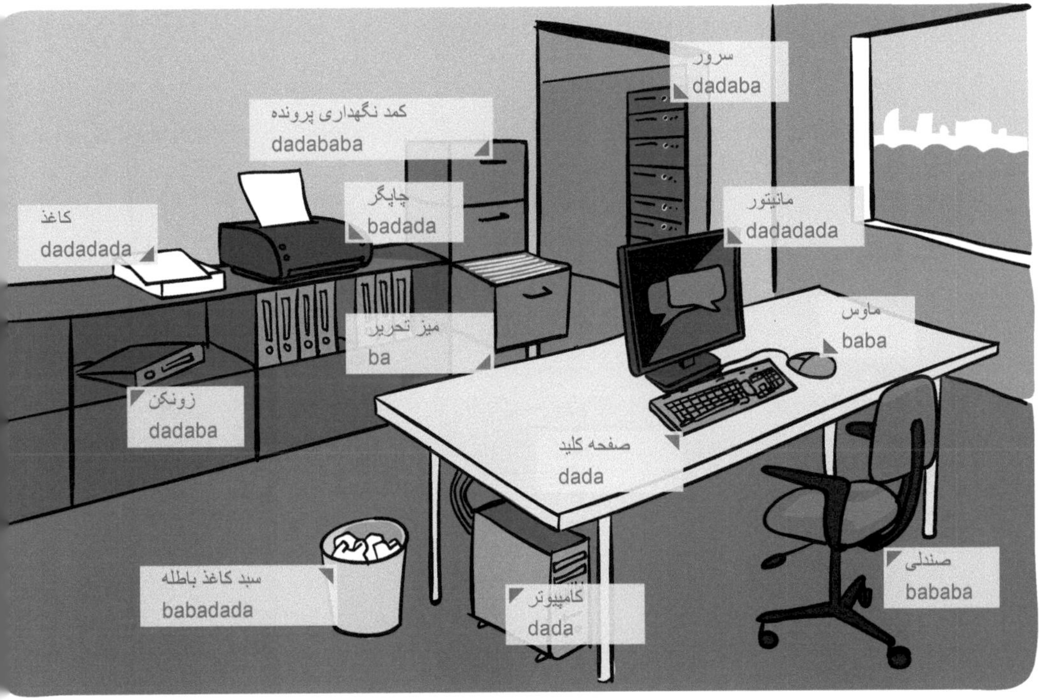

لیوان قهوه

dada

ماشین حساب

bababa

اینترنت

da da

اداره - baba

لپ تاپ

papa!

نامه

dadababa

پیغام

ba

تلفن همراه

fon

شبکه ی ارتباطی

bababa

دستگاه فتوکپی

ba

نرم افزار

bababa

تلفن

dada bing

پریز

aua!

دستگاه فاکس

bababa

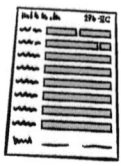

فرم

dadaba

مدرک

bababa

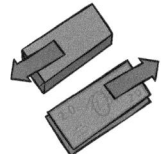

اقتصاد
badada

خریدن
baba

پرداخت کردن
dadadada

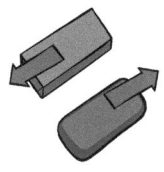

تجارت کردن
dadaba

پول
badada

دلار
babadada

یورو
dadaba

ین
bababa

روبل
ba

فرانک سوئیس
dada

یوان رنمینبی
dada

روپیه
ba

دستگاه خودپرداز
ba

صرافی

dadadada

طلا

dadadada

نقره

baba

نفت

dadadada

انرژی

ba

قیمت

dadadada

قرارداد

baba

مالیات

bababa

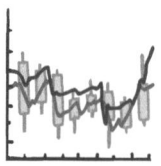

سهام سرمایه

dadadada

کار کردن

dadaba

کارمند

dadadada

کارفرما

dadababa

کارخانه

dadaba

مغازه

ba

ba

مامور پلیس
baba
آتش نشان
dada
آشپز
babababa
دکتر
aua!
خلبان
bababa

باغبان

bababa

نجار

bababa

خیاط زنانه

baba

قاضی

bababa

شیمیدان

dadaba

بازیگر

dadababa

راننده اتوبوس

ba

راننده تاکسی

auto mann

ماهیگیر

bababa

نظافتچی زن

dadadada

سقف ساز

dadadada

پیشخدمت رستوران

dadadada

شکارچی

badada

نقاش

dadadada

نانوا

dadababa

برقکار

papa!

کارگر ساختمانی

babababa

مهندس

bababa

قصاب

dadababa

لوله کش

dadadada

پستچی

bababa

سرباز

dadadada

معمار

ba

صندوقدار

dadaba

گل فروش

bababa

آرایشگر

babadada

مامور کنترل بلیط در قطار

bababa

مکانیک

dadaba

ناخدا

dada

دندانپزشک

badada

دانشمند

ba

عالم یهودی

bababa

امام

dadaba

راهب

dada

کشیش

dadadada

ابزارآلات

dada

چکش
baba
انبردست
baba
پیچ گوشتی
babababa
آچار
dadababa
چراغ قوه
dadaba

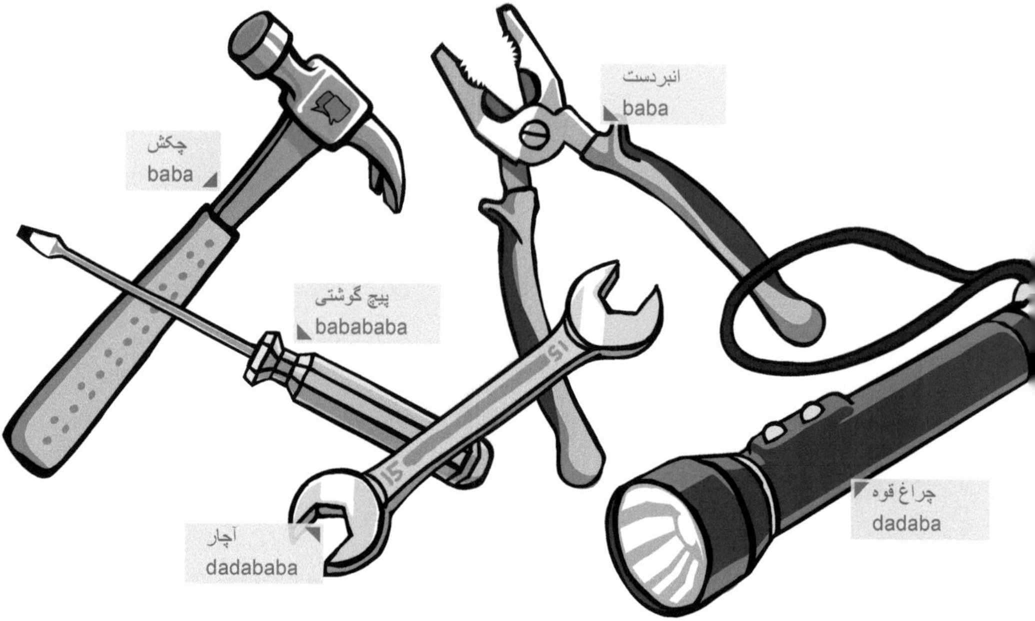

بیل مکانیکی

dadaba

جعبه ابزار

baba

نردبان

babababa

ارّه

dadaba

میخ

babadada

مته

dada

تعمیر کردن
dadababa

بیل
dada

لعنتی!
aua!

خاک انداز
dada

سطل رنگرزی
dadaba

پیچ
babababa

آلات موسیقی

bababa

بلندگو
boom boom
درامز
bungas
گیتار
ba
کنترباس
dadababa
ترومپت
bombede

پیانو

bingbing

ویولن

bababa

گیتار بیس

ba

تیمپانی

badada

طبل

bunga bunga

کیبورد الکتریک

badada

ساکسیفون

dadababa

فلوت

dadababa

میکروفون

dadadada

باغ وحش

bababa

ورودی
baba
dada mau
قفس
bababa
گورخر
dadababa
خوراک حیوانات
babadada
خرس پاندا
dada

حیوانات

dadadada

فیل

bababa

کانگورو

dadaba

کرگدن

babadada

گوریل

dada

خرس

babababa

شتر

....

dadaba

شترمرغ

....

gackgack

شیر

....

babadada

میمون

....

dadaba

فلامینگو

....

gackgack

طوطی

....

bababa

خرس قطبی

....

bababa

پنگوئن

....

dada

کوسه

....

bababa

طاووس

....

dadaba

مار

....

badada

تمساح

....

babababa

نگهبان باغ وحش

....

dadadada

خوک آبی

....

dada

پلنگ امریکایی

....

bababa

اسب کوچک

....

ei!

پلنگ

....

dadadada

اسب آبی

....

dada

زرافه

....

babababa

عقاب

....

bababa

گراز

....

babadada

ماهی

....

nom nom!

لاک پشت

....

dadadada

شیرماهی

....

anje

روباه

....

dadadada

غزال

....

bababa

ورزش ها

ba

فوتبال آمریکایی
dadababa
دوچرخه سواری
dadaba
تنیس
bum bum
بسکتبال
ball
شنا
badada
هاکی روی یخ
baba
بوکس
aua!

فوتبال
dadadada

بدمینتون
badada

دوومیدانی
dadababa

هندبال
ball

اسکی
dadadada

پولو
baba

فعالیت ها

dadadada

خندیدن
baba
پریدن
dada
بغل کردن
bababa
راه رفتن
dada
آواز خواندن
dadababa
رؤیا دیدن
dadababa
دعا کردن
dadadada
بوسیدن
mama!

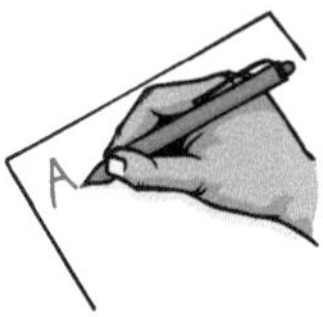

نوشتن
dadaba

رسم کردن
dada

نشان دادن
dadababa

هل دادن
dada

دادن
badada

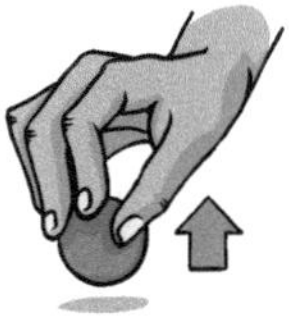

برداشتن
dadaba

داشتن
dadaba

انجام دادن
dadadada

بودن
babadada

ایستادن
dadadada

دویدن
baba

کشیدن
dadababa

پرتاب کردن
dadadada

افتادن
dadaba

دراز کشیدن
badada

منتظر بودن
dadaba

حمل کردن
bababa

نشستن
ba

لباس پوشیدن
dadababa

خوابیدن
heia!

بیدار شدن
bababa

تماشا کردن

babababa

گریه کردن

baaaaaa

نوازش کردن

dadadada

شانه کردن

bababa

حرف زدن

bababa

فهمیدن

baba

پرسیدن

badada

شنیدن

dadababa

آشامیدن

bababa

خوردن

nomnom!

مرتب کردن

badada

عاشق بودن

ba

پختن

badada

رانندگی کردن

dadababa

پرواز کردن

dadadada

قایقرانی کردن

dadababa

محاسبه کردن

dadababa

خواندن

dadadada

یاد گرفتن

dadababa

کار کردن

dadaba

ازدواج کردن

baba

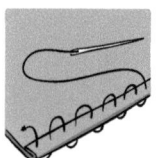

دوختن

dada

مسواک زدن

aua!

کشتن

aua!

سیگار کشیدن

dadababa

فرستادن

babababa

خانواده

dadababa

مادربزرگ
oma!
پدربزرگ
opa!
پدر
papa!
مادر
mama!
کودک
bebi
فرزند دختر
ba
فرزند پسر
badada

مهمان

baba

خاله، عمه

ba

دایی، عمو

bababa

برادر

nein!

خواهر

nein!

بدن

dadababa

پیشانی
bababa
چشم
dada
شانه
bababa
انگشت دست
dada
صورت
dada
چانه
dadababa
دست
baba
ساق پا
dadaba
سینه
da
بازو
bababa

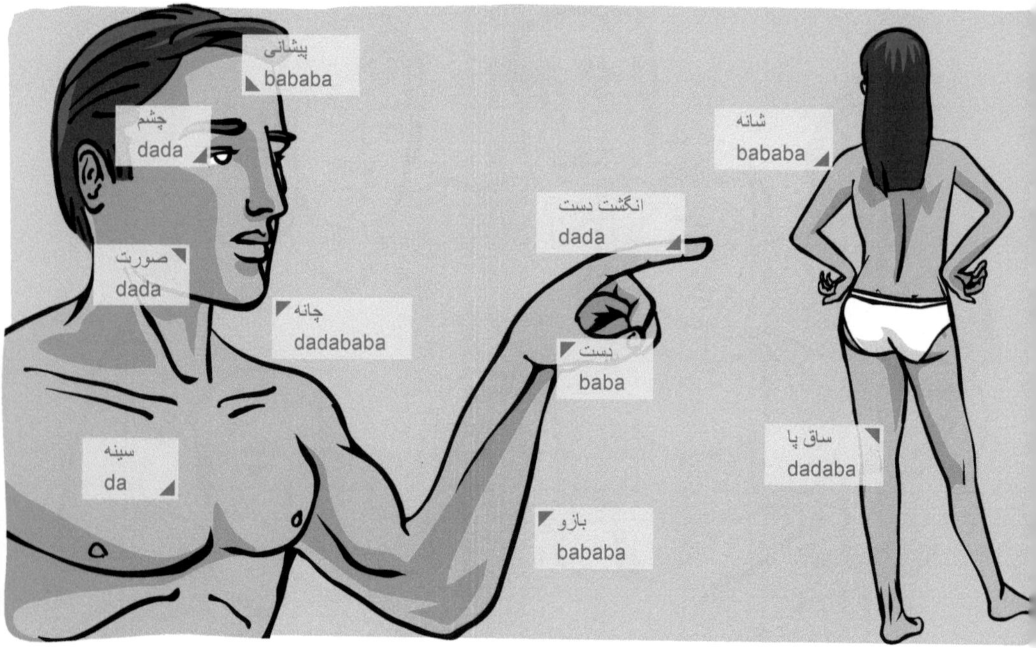

کودک

bebi

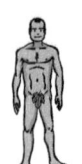

مرد

papa!

زن

mama

دختربچه

baba

پسربچه

babadada

کله

bababa

بدن - dadababa

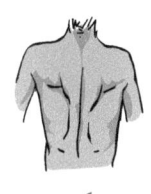

کمر

baba

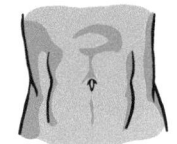

شکم

dadababa

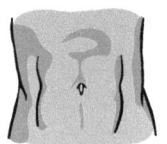

ناف

dada

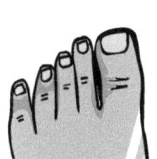

انگشت پا

dadababa

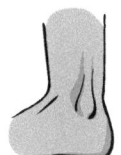

پاشنه

ba

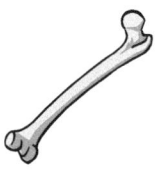

استخوان

badada

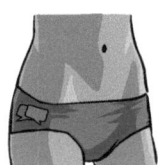

لگن

bababa

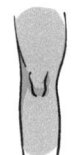

زانو

dada

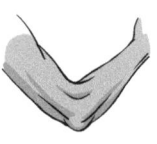

آرنج

dadadada

بینی

bababa

نشیمنگاه

popo

پوست

dadaba

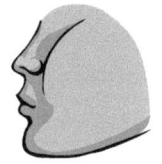

گونه

badada

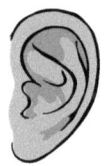

گوش

dada

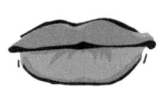

لب

babababa

دهان

dadababa

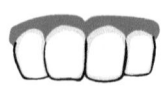

دندان

dadadada

زبان

baba

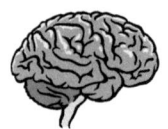

مغز

dadadada

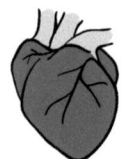

قلب

baba

عضله

dada

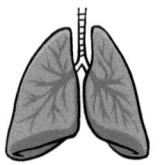

ریه

dada

کبد

dada

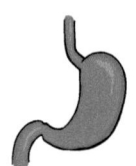

معده

dadababa

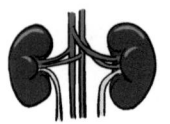

کلیه

dadaba

آمیزش جنسی

babadada

کاندوم

dada

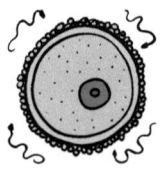

تخمک

badada

اسپرم

dadababa

حاملگی

dadababa

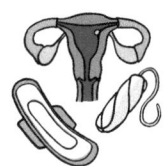

پریود

ba

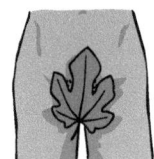

واژن

mumu

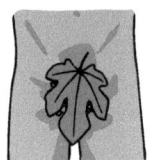

آلت تناسلی مرد

pipi

ابرو

dada

مو

dadababa

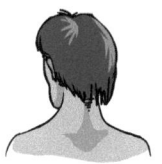

گردن

bababa

بیمارستان
aua!

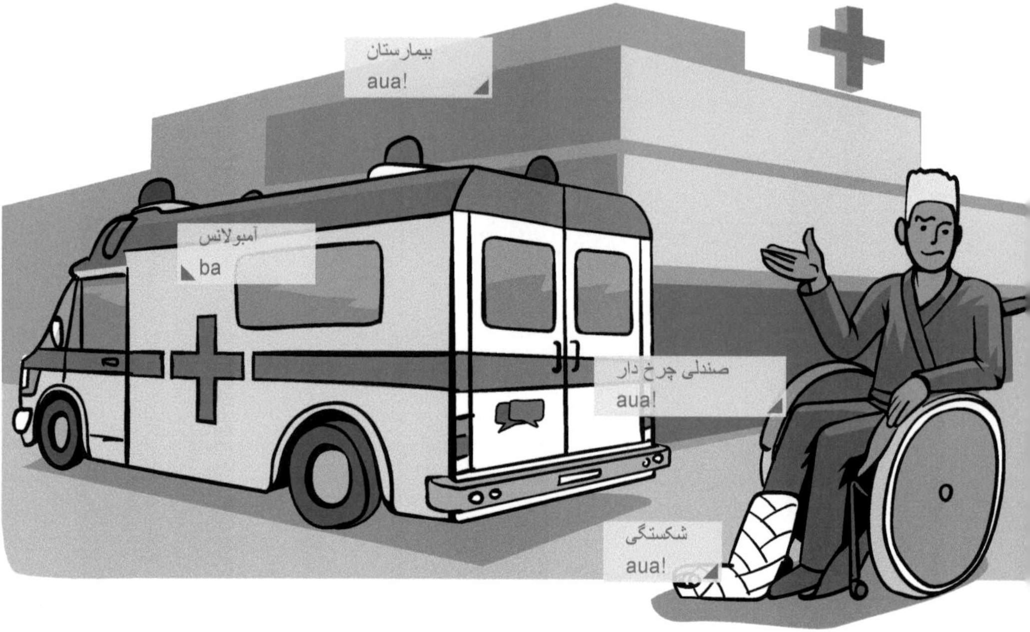

آمبولانس
ba

صندلی چرخ دار
aua!

شکستگی
aua!

دکتر
....
aua!

بخش اورژانس
....
aua!

پرستار
....
aua!

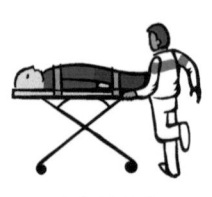

موقعیت اضطراری
....
aua!

بی هوش
....
aua!

درد
....
dadababa

مصدومیت
....
aua!

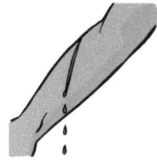

خونریزی
....
dadadada

سکته قلبی
....
aua!

سکته مغزی
....
aua!

آلرژی
....
dadababa

سرفه
....
aua!

تب
....
aua!

آنفولانزا
....
aua!

اسهال
....
aua!

سردرد
....
aua!

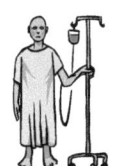

سرطان
....
aua!

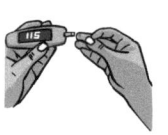

دیابت
....
aua!

جراح
....
aua!

چاقوی جراحی
....
aua!

عمل جراحی
....
aua!

سی تی اسکن

aua!

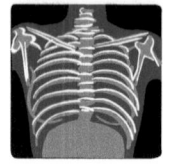

پرتونگاری

aua!

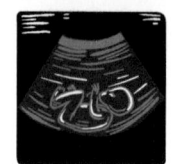

سونوگرافی

aua!

ماسک صورت

aua!

بیماری

aua!

اتاق انتظار

aua!

چوب زیر بغل

aua!

چسب زخم

aua!

پانسمان

dadababa

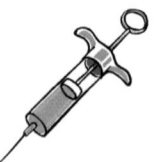

تزریق

aua!

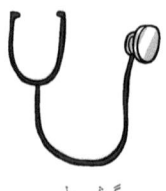

گوشی طبی

aua!

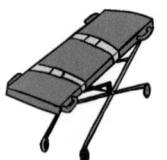

برانکار

aua!

دماسنج

aua!

زایش

aua! bebi!

اضافه وزن

aua!

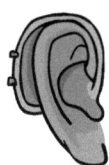

سمعک

....

aua!

ماده ضد غفونی کننده

....

aua!

عفونت

....

aua!

ویروس

....

aua!

اچ آی وی / ایدز

....

aua!

دارو

....

aua!

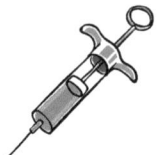

واکسیناسیون

....

aua!

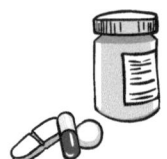

قرص

....

aua!

قرص ضد حاملگی

....

dadaba

تماس اظطراری

....

aua!

دستگاه اندازه گیری فشارخون

....

aua!

مریض / سالم

....

da / ba

موقعیت اضطراری

aua!

کمک!

aua!

آژیر خطر

aua!

حمله

aua!

حمله ی فیزیکی

aua!

خطر

aua!

خروج اظطراری

dadadada

آتش

dadaba

کپسول آتش‌نشانی

dadaba

تصادف

aua! aua!

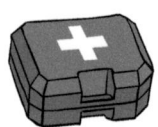

جعبه کمک های اولیه

aua!

درخواست کمک

baba

پلیس

dadadada

کره زمین

dada

اروپا

....

badada

آمریکای شمالی

....

dadaba

آمریکای جنوبی

....

dadababa

آفریقا

....

dadaba

آسیا

....

dadaba

استرالیا

....

babababa

اقیا نوس اطلس

....

badada

اقیانوس آرام

....

dadaba

اقیانوس هند

....

baba

اقیا نوس اطلس جنوبی

....

bababa

اقیانوس منجمد شمالی

....

dadababa

قطب شمال

....

bababa

کره زمین
....
dada

قاره قطب جنوب
....
dadaba

قطب جنوب
....
dadababa

جزیره
....
dadadada

دریا
....
badada

سرزمین
....
dadaba

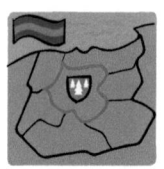

کشور
....
dadababa

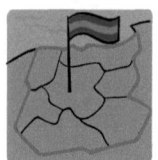

ملت
....
dadadada

ساعت

dada

صفحه ی ساعت

....

baba

ساعت شمار

....

babadada

دقیقه شمار

....

baba

ثانیه شمار

....

bababa

ساعت چند است؟

....

dadababa

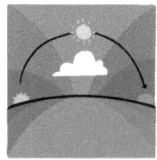

روز

....

babadada

زمان

....

dada

اکنون

....

baba

ساعت دیجیتال

....

dadababa

دقیقه

....

dadababa

ساعت

....

bababa

هفته

babadada

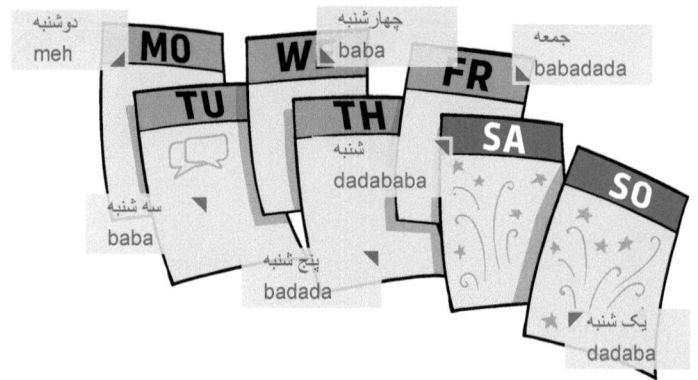

دوشنبه
meh
سه شنبه
baba
چهارشنبه
baba
پنج شنبه
badada
جمعه
babadada
شنبه
dadababa
یک شنبه
dadaba

دیروز
....
dadadada

امروز
....
dadababa

فردا
....
dadaba

صبح
....
baba

ظهر
....
baba

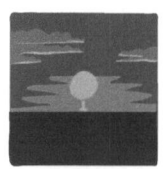

غروب
....
dadadada

روزهای کاری
....
dada

آخر هفته
....
baba

80 هفته - babadada

dadaba

باران
dadababa
رنگین کمان
dadaba
باد
dadadada
برف
kalt
بهار
dadadada
پاییز
bababa
تابستان
badada
زمستان
kalt

4.APRIL 11°
5.APRIL 4°
6.APRIL 13°
7.APRIL 8°
8.APRIL 10°

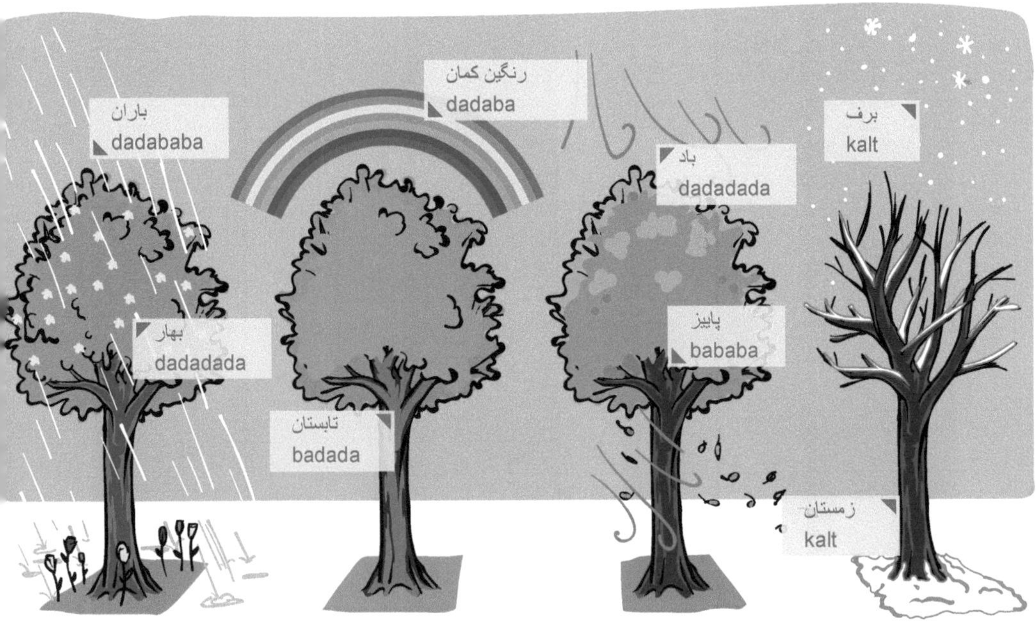

پیش‌بینی اوضاع جوی

dadababa

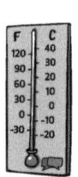

دماسنج

bababa

تابش آفتاب

ba

ابر

baba

مِه

dadadada

رطوبت هوا

dada

صاعقه
dadababa

آسمان غره
dada

طوفان
badada

تگرگ
dadababa

باد موسمی
bababa

سیل
dadaba

یخ
dadadada

ژانویه
dadaba

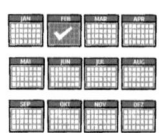

فوریه
dadaba

مارس
bababa

آوریل
dadadada

مه
dadadada

ژوئن
babababa

ژوئیه
baba

آگوست
bababa

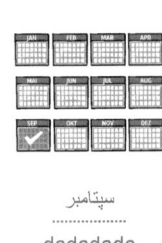

سپتامبر
....
dadadada

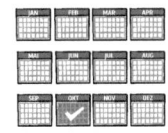

اُکتبر
....
badada

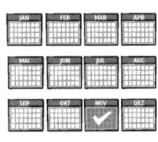

نوامبر
....
dadababa

دسامبر
....
baba

آشکال

dadababa

دایره
....
baba

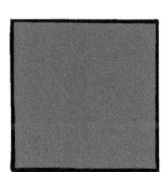

مربع
....
badada

مستطیل
....
dadababa

سه گوش
....
babababa

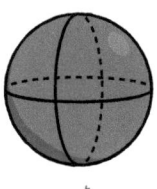

کُره
....
dadadada

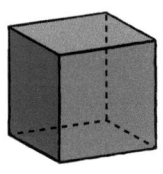

مکعب مربع
....
babababa

رنگ ها

dadababa

سفید

....

dadababa

زرد

....

babababa

نارنجی

....

baba

صورتی

....

dadadada

قرمز

....

babadada

بنفش

....

dadababa

آبی

....

dadadada

سبز

....

ba

قهوه ای

....

baba

خاکستری

....

bababa

سیاه

....

badada

خیلی / کم

da / ba

خشمگین / آرام

da / ba

زیبا / زشت

da / ba

شروع / پایان

da / ba

بزرگ / کوچک

da / ba

روشن / تیره

da / ba

برادر / خواهر

da / ba

تمیز / آلوده

da / ba

کامل / ناقص

da / bada

روز / شب

da / ba

مرده / زنده

da / ba

پهن / باریک

da / ba

قابل خوردن / غیر قابل خوردن

da / ba

غضبناک / مهربان

da / ba

هیجان زده / بی حوصله

ba / ba

چاق / لاغر

da / ba

اولین / آخرین

ba / ba

دوست / دشمن

da / bada

پر / خالی

da / ba

سفت / نرم

da / ba

سنگین / سبک

da / ba

گرسنگی / تشنگی

da / bada

مریض / سالم

da / ba

غیرقانونی / قانونی

da / ba

باهوش / خنگ

da / ba

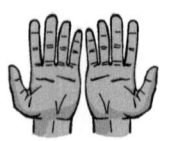

چپ / راست

ba / ba

نزدیک / دور

da / ba

نو / استفاده شده

da / bada

هیچ چیز / چیزی

da / ba

پیر / جوان

ba / ba

روشن / خاموش

da / ba

باز / بسته

da / ba

آهسته / بلند

da / ba

ثروتمند / فقیر

ba / ba

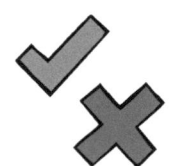

درست / غلط

da / ba

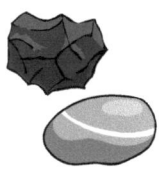

زبر / صاف

da / ba

غمگین / خوشحال

ba / ba

کوتاه / بلند

da / ba

کند / تند

da / ba

تَر / خشک

da / bada

گرم / خنک

da / bada

جنگ / صلح

da / ba

اعداد

dadaba

0	1	2
صفر	یک	دو
dada	a	ba
3	4	5
سه	چهار	پنج
da ba da	badabada	dadababa
6	7	8
شش	هفت	هشت
dadaba	badada	dadababa
9	10	11
نه	دَه	یازده
dadaba	dadadada	badada

12
دوازده
baba

13
سیزده
bababa

14
چهارده
baba

15
پانزده
babadada

16
شانزده
dadababa

17
هفده
babababa

18
هجده
dadababa

19
نوزده
bababa

20
بیست
dadababa

100
صد
baba

1.000
هزار
baba

1.000.000
میلیون
dadababa

زبان ها

dadadada

انگلیسی

baba

انگلیسی آمریکایی

babadada

چینی ماندارین

dadababa

هندی

ba

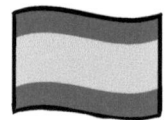

اسپانیایی

badada

فرانسوی

ohlala

عربی

babadada

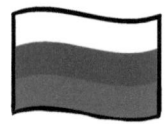

روسی

dadaba

پرتغالی

dada

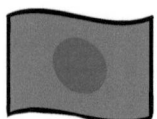

بنگالی

dadadada

آلمانی

badada

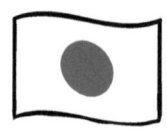

ژاپنی

dadadada

چه کسی / چه چیزی / چگونه
da / da / da

من

a

تو

dadadada

او

da / da / da

ما

o ba ma

شما

babababa

آنها

baba

چه کسی؟ کی؟

dadadada

چی؟

dadadada

چگونه؟

baba

کجا؟

babababa

کِی؟

babadada

نام

dadaba

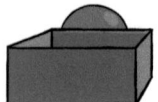

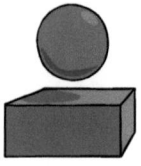

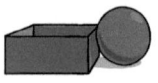

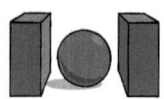

كجا

babababa

پشت

....

baba

توی

....

dadaba

جلو

....

baba

بالای

....

ba

روی

....

baba

زیر

....

dadababa

مجاور

....

babababa

بین

....

ba

مكان

....

dada